Cuatro claves para permanecer lleno de Dios

Una introducción a

Descubre las claves para permanecer lleno de Dios

Andrew Wommack

Publicado por Andrew Wommack Ministries, Inc.
Woodland Park, CO 80863

Traducción y edición: Citlalli Macy

Título en inglés: *Four Keys to Staying Full of God*
© 2023 por Andrew Wommack
Publicado en asociación entre Andrew Wommack ministries y Harrison House Publishers
Woodland Park, CO 80863 – Shippensburg, PA 17257

ISBN: 978-1-59548-722-3

eBook ISBN 13: 978-1-6675-0961-7

Distribución mundial, Impreso en Estados Unidos de América

1 2 3 4 5 6 / 27 26 25 24

Contenido

Introducción

¿Sientes que tu relación con Dios sube y baja? ¿Alguna vez has sentido que has tenido una experiencia con Dios en la cima de una montaña, y al día siguiente te sientes totalmente vacío? ¿Te gustaría ver más constancia y crecimiento en tu vida espiritual? Si tu respuesta es sí a cualquiera de estas preguntas, entonces esta enseñanza te ayudará a alcanzar un nuevo nivel en tu caminar con el Señor.

Cuando el Señor tocó drásticamente mi vida el 23 de marzo de 1968, el amor sobrenatural de Dios me cautivó durante unos cuatro meses y medio. Pero no fue esa experiencia emocional lo que me sostuvo a través de todos estos años de vida y ministerio. Tuve que hacer un esfuerzo para permanecer lleno de Dios.

Mediante el estudio de la Palabra de Dios, he descubierto cuatro claves básicas que me han ayudado a permanecer lleno de Dios. Y debido a que puse estas verdades a trabajar en mi vida, mi relación con Él se ha fortalecido desde entonces. Puedo decir sinceramente que mi relación con el Señor se ha vuelto más estrecha. No he perdido el beneficio de ese encuentro con el Señor en más de cincuenta y cinco años; sólo ha mejorado.

Quizá el Señor tocó tu vida una vez, pero ahora te sientes distante de Él. Si ese es el caso, no fue culpa de Dios. Una vez que te des cuenta de lo que es necesario para que experimentes continuamente Su presencia, creo que comenzarás a ver una manifestación constante de Su bondad en tu vida.

La gran mayoría de la gente viene a la iglesia buscando una emoción. Cantan canciones sobre lo desesperados que están por la presencia de Dios, y si no sienten que se les pone la piel de gallina, se irán diciendo cosas como: «Dios no estaba ni a cien kilómetros de ese lugar». Esa no debería ser la experiencia cristiana común.

El Señor quiere que seas bendecido más de lo que tú quieres. Quiere tener una relación íntima contigo, pero no va a forzarte. Si te sientes alejado de Dios, ¿adivina quién se movió? No fue Dios. Él nunca te dejará ni te abandonará (He 13:5). Son nuestros corazones los que se vuelven insensibles a Dios. Su corazón hacia nosotros nunca cambia.

Hay pasos que puedes dar para mantener la plenitud de Dios en tu vida. Y yo creo que si sigues las claves que voy a compartir en este libro de bolsillo, ¡lo experimentarás más que nunca!

Hecho para durar

Hace años, estaba ministrando en una iglesia en Louisville, Kentucky. En la mañana anterior a mi última sesión vespertina, una mujer se me acercó con lágrimas en los ojos. Me dijo: «Esta enseñanza ha transformado mi vida. Nunca había entendido cuánto me amaba Dios hasta este fin de semana».

Eso es maravilloso. Pero luego dijo: «Estoy disfrutando del amor de Dios más que nunca en mi vida, pero sé que no durará». Ella pensó que era como un sentimiento que desaparecería después de un mes o incluso una semana. Realmente me apenó y me molestó saber que alguien esperara que el amor de Dios, así como así, dejara de impactar su vida.

No estoy condenando a esta mujer, ni a ti, si esa es tu experiencia. Reconozco que así es con la mayoría de la gente, pero no es como se supone que debe ser. Como dice el himno: «Cada día con Jesús es más dulce que el día anterior. Cada día con Jesús, Él me ama más y más. Es más dulce a medida que pasan los días». Esa debería ser la experiencia cristiana normal.

Así que más tarde, ese mismo día, volví a mi hotel y me pasé toda la tarde orando y dando gracias a Dios porque lo que Él ha hecho en mi vida nunca ha disminuido, ¡sólo se ha incrementado! Para entender por qué ha sido así conmigo, tienes que saber un poco de mi historial. Fui criado en una iglesia que enseñaba que las personas son como cubetas con agujeros. Puedes tener tu cubo lleno, pero con el tiempo se vaciará. Así que, de acuerdo con esa forma de pensar, tienes que ser llenado una y otra vez; constantemente haciendo que Dios toque tu vida de nuevo. Me enseñaron que la vida cristiana es como una montaña rusa con constantes subidas y bajadas. ¡Eso no es verdad!

Al contrario, yo agradezco que Dios me tocara, que me llenara de su amor y que yo nunca haya perdido esa plenitud. Dios me ha explicado tantas cosas, y tengo mucho más entendimiento que en aquel entonces. En lugar de perder la revelación que Dios me dio, ésta sólo ha crecido y aumentado. Realmente creo que así debe ser la vida cristiana. Vas de gloria en gloria (2 Co 3:18), no de hoyo en hoyo.

Encuentra las claves

*Porque las cosas invisibles de él, su eterno poder y deidad, se hacen claramente visibles desde la creación del mundo, siendo entendidas por medio de las cosas hechas, de modo que no tienen excusa. Pues habiendo conocido a Dios, **no le glorificaron** como a Dios, **ni le dieron gracias**, sino que se **envanecieron*** *en sus razonamientos, y su necio corazón fue entenebrecido*.

Romanos 1:20-21

Hay cuatro claves en el versículo 21 (arriba) que describen los pasos que puedes dar tanto para acercarte a Dios como para alejarte de Él. Por ejemplo, tal vez el gozo del Señor no es tan fuerte en ti hoy como lo fue una vez en tu vida. Si alguna vez conociste el amor de Dios, pero hoy no lo experimentas como antes, hubo pasos que tomaste para alejarte de Él. Puede que no te hayas alejado intencionalmente, pero eso detuvo el flujo del amor de Dios. No fue el Señor quien disminuyó Su amor en tu vida. Sin embargo, si te arrepientes, puedes usar los mismos pasos para volver a Él.

Si alguna vez has viajado, sabrás de lo que estoy hablando. Si alguien quisiera saber cómo llegar desde nuestro instituto bíblico Charis Bible College aquí en Woodland Park, Colorado, hasta Denver, yo podría decirle a esa persona dónde dar vuelta y cuántos semáforos tendría que pasar antes de salir de la ciudad. También podría decirles dónde girar para llegar a la autopista principal y dirigirse a Denver. Si quisieran dar la vuelta y regresar a Charis, yo podría utilizar las mismas direcciones, pero aplicarlas en sentido contrario.

En Romanos 1, el apóstol Pablo nos ofrece un mapa espiritual. El versículo 21 describe cómo las personas se distancian de Dios, y los versículos siguientes (vv. 22–28) revelan hitos en el camino para convertirse en réprobos («rechazados por Dios y sin esperanza de la salvación»).[1] De la misma manera, podemos aplicar esas cuatro claves de forma diferente para permanecer llenos de Dios y alejarnos de un camino peligroso, que incluye la rebelión, la idolatría y el pecado sexual (incluida la homosexualidad).

Expresadas de una manera negativa, como en este versículo, las cuatro claves son:

1. No le glorificaron como Dios
2. Ni le dieron las gracias
3. Se envanecieron en sus razonamientos
4. Su necio corazón fue entenebrecido

Estas mismas cuatro claves expresadas de una manera positiva son:

1. Glorifica a Dios
2. Sé agradecido
3. Reconoce el poder de tu imaginación
4. Ten un corazón bueno

Dependiendo de cómo lleves a cabo estos cuatro pasos progresivos en tu vida diaria, tú eres el que determina si te mantienes lleno de Dios o no.

Glorifica a Dios

La primera clave para permanecer lleno de Dios es glorificarlo. Según mi estudio con la *Concordancia Strong*, la palabra *glorificar* [*glorify*] significa «hacer (o estimar) glorioso».[2] *Estimar* algo significa «darle un alto valor a algo» o «reverenciar y apreciar respectivamente».[3] En otras palabras, si dejas de valorar o estimar lo que el Señor ha hecho en tu vida, no permanecerás lleno de Dios. En cambio, tú puedes incrementar el valor de lo que Dios ha hecho, glorificándolo.

Glorificar a Dios ha sido un aspecto importante de mi vida. Cuando el Señor realmente tocó mi vida siendo un adolescente, yo había nacido de nuevo diez años atrás. Pero esa noche, tuve un encuentro con Dios, y Él me mostró que yo era un verdadero hipócrita religioso. Podía haber nacido de nuevo, pero estaba confiando en mi propia bondad. Estaba tratando de ganarme el favor de Dios haciendo cosas buenas. Por lo tanto, me estaba convirtiendo en mi propio salvador en vez de acercarme a Dios por medio de Jesús como mi Salvador.

Después de que el Señor me revelara todo esto, me arrepentí. Esperaba el rechazo y el castigo. Pero en lugar de eso, un amor tangible de Dios me inundó. Y me tomó por sorpresa la gloria de Dios. Estar consciente del amor de Dios y de su presencia en mí, transformó mi vida.

Empecé a darle tanto valor a lo que Dios hacía en mi vida que nada más podía competir con ello. En Lucas 14:26, Jesús dijo:

Si alguno viene a mí, y no aborrece a su padre, y madre, y mujer, e hijos, y hermanos, y hermanas, y aun también su propia vida, no puede ser mi discípulo.

En Mateo 10:37, Jesús enseñó algo similar, afirmando que debemos preferirlo a Él por encima de cualquier otra relación; pero en Lucas, Él dijo que, para ser Su discípulo, tienes que amar a Dios más de lo que amas a tu padre, madre, hermano, hermana, o incluso a tu propia vida. Ahora , Jesús no está diciendo que en realidad debas odiarte a ti mismo. Pero debes valorar y apreciar a Dios más que tu propia vida o cualquier otra relación. El verso habla de un valor y mérito relativos.

Nunca he sido el mismo desde la noche en que el Señor «captó mi atención de esa manera». Al tiempo de escribir esto, han pasado ya más de cincuenta y cinco años; y puedo decir sinceramente que el encuentro que tuve con el Señor aquella noche, cuando tenía dieciocho años, hoy es para mí más real que nunca.

Valora más a Dios

Digamos que el Señor toca tu vida y revela Su amor incondicional por ti. Tú recibes la paz, el gozo, y otros beneficios que la revelación trae, pero mañana el diablo agitará a alguien en el trabajo para que venga y te moleste. Criticarán tu desempeño o harán alguna otra cosa que el diablo sabe que te molestará.

¿Sabes lo que está pasando? El enemigo está compitiendo por el valor que le diste a Dios y a Su amor. Él está tratando de que quites tus ojos de Jesús y en cambio te fijes en las críticas de los demás. Tú puedes ir a la iglesia el domingo por la mañana y sentirte muy bendecido y feliz. Luego, para el lunes por la mañana, alguien empieza a atacarte. Satanás está tratando de robarse tu gozo. Pero si Satanás no puede hacer que devalúes lo que Dios ha hecho en tu vida, entonces no puede robarte las bendiciones de Dios.

Es como montar en un balancín: un extremo es el valor que le das a lo que el Señor ha hecho en tu vida, y el extremo opuesto es el valor que le das a las *circunstancias* o a lo que

Lo que el Señor ha hecho en tu vida

El valor que tú le asignas a las cosas

dicen los demás. Cuando un lado está arriba, el otro está abajo, y viceversa. Si valoras lo que Dios dice, sólo tienes que devaluar lo que dicen los demás.

Hace años, en una de las iglesias que pastoreaba, di un sermón sobre no ser el cubo de la basura de los demás, no dejar que los chismes o las críticas afecten tu interior. Tuvo tanto impacto que cuando uno de los miembros de nuestra iglesia escuchó a alguien hacer una crítica, se llevó las manos a la cabeza y actuó como si se estuviera poniendo una tapa. Esa persona no iba a permitir que la opinión negativa de alguien más compitiera con la Palabra de Dios.

Dios me ama, y no permitiré que nadie lo discuta. No sólo me ama, sino que le caigo bien. Me gusta decir que Dios lleva una foto mía en la cartera. Amén. Ahora, no estoy siendo orgulloso, pero valoro mi relación con Dios más de lo que valoro mi relación con cualquier otra persona, ¡incluso con mi esposa! Algunas personas pueden pensar: «Bueno, no debería ser así. Tu matrimonio o tu familia deben ser lo primero».

Desde mi punto de vista, no hay nada que se acerque a Dios. Mi esposa sabe que amo al Señor mucho más que a ella. También sé que ella lo ama mucho más que a mí. En lugar de que esto afecte a nuestra relación, es una bendición.

Cuando Jamie y yo nos casamos, pasamos apuros económicos. Algunas personas dicen que están en la quiebra cuando tienen más facturas que dinero. Cuando digo que estábamos en la bancarrota, quiero decir que no teníamos nada, ¡cero, nada, cero! Tenía que salir, recoger botellas vacías para llevarlas a un centro de canje sólo para tener dinero suficiente para poner gasolina en nuestro coche. Pasábamos hasta dos semanas sin comer cuando Jamie tenía ocho meses de embarazo.

Una vez, durante un vuelo, vi una película sobre un hombre cuya esposa lo dejó debido a los problemas económicos que enfrentaban. Considerando lo que pasamos durante los primeros años de este ministerio, Jamie pudo haberme dejado. ¿Pero sabes por qué no lo hizo? No fue porque yo sea una gran persona. Fue porque ella ama a Dios más que a mí. Ella hizo un compromiso con Dios *y* conmigo, y eso me consuela mucho.

Tú eliges

Poco después de recibir una revelación de la gloria de Dios y de Su amor por mí, sentí que Él me decía que me diera de baja en la universidad. Esto fue durante la Guerra de Vietnam, así que, para mí, seguir a Dios de esta manera, significaba que podría ser reclutado inmediatamente y enviado a Vietnam. También podía perder los ingresos de la ayuda del Seguro Social que había estado recibiendo desde la muerte de mi padre, cuando yo tenía doce años. Sólo podría conservar estos ingresos mientras siguiera estudiando.

Seguir al Señor me costaría económicamente. También recibiría un boleto con todo pagado a una zona de guerra donde muy posiblemente me habrían matado. Además, todas las personas en mi vida a las que respetaba me dijeron de un modo u otro: «Esto no es Dios». Incluso los líderes de mi iglesia me dijeron que estaba escuchando al diablo.

Parecía que todo el mundo me decía que era un tonto y que no debía ir en contra del statu quo. No intentaba rebelarme en contra de los consejos de personas bien intencionadas; sólo quería ser obediente a lo que sabía que Dios le decía a mi corazón.

A causa de todas estas reacciones negativas por mi deseo de dejar los estudios, dejé de seguir la dirección del Señor durante un tiempo. Durante ese tiempo, me sentí totalmente miserable. Esto continuó durante dos meses hasta que no pude soportarlo más. Entonces, una noche, el Señor finalmente me habló con base en Romanos 14:23, que dice: «*Todo lo que no proviene de fe, es pecado*».

Me di cuenta de que estaba pecando debido a la indecisión. Decidí tomar una decisión de fe esa noche y mantenerme firme. Mientras oraba y estudiaba la Palabra buscando orientación, encontré Colosenses 3:15, que dice: «*Y la paz de Dios gobierne en vuestros corazones*».

El Señor me dijo que debía tomar la dirección que me diera más paz. Para ser honesto, yo no tenía una paz total en ninguna dirección, pero al igual que un árbitro tiene que tomar una decisión y ceñirse a ella, yo debía tomar una decisión. Lo que me daba más paz era dejar los estudios, así que eso fue lo que hice. Salí de la indecisión y entré en la fe, en la medida que pude entender las cosas.

En el lapso de veinticuatro horas, el Señor me dio tal confirmación y alegría que desde entonces nunca he dudado de la sabiduría de esa decisión. Glorifiqué a Dios e hice lo que me dijo que hiciera a pesar de las críticas de casi todos mis amigos.

Inmediatamente después de eso, el diablo vino a robar la palabra que Dios habló en mi vida. Después de que me hice un examen físico para ingresar al ejército, el cual pasé, un reclutador del ejército vino a mi casa para mostrarme todas las ventajas de ofrecerme como voluntario en lugar de ser reclutado. Entro en más detalles sobre esto en mi estudio *Descubre las claves para permanecer lleno de Dios*, pero en pocas palabras, este reclutador ridiculizó el valor que yo le había dado a lo que el Señor me habló.

Yo estaba obedeciendo al Señor y confiando en Él para mi futuro. Dejé el asunto en las manos del Señor y no sentí la necesidad de ofrecerme como voluntario para el reclutamiento. Este reclutador se burló de mi fe y me dijo: «¡Muchacho, vas a ir a Vietnam!». No valoraba la palabra del Señor como yo, y eso me enfureció. Puse mi dedo en su pecho y le dije que Dios era más grande que el Ejército de los Estados Unidos o que cualquier demonio del infierno.

Lo que estaba haciendo era conservar el valor que había puesto en lo que el Señor me hablaba como más importante que lo que un reclutador del ejército tenía que decir. Mucha gente habría cedido allí mismo; y como ese balancín, a medida que le dieran más valor a lo que dijera un representante del gobierno, el valor que le daban a lo que decía Dios habría disminuido. Yo podría haber perdido el beneficio de mi encuentro con el Señor en ese mismo momento. Pero alabado sea el Señor, seguí estimando, valorando y glorificando lo que el Señor me dijo por encima de todas las demás voces; y mi gozo y el beneficio de ello no han disminuido.

Esa decisión, posiblemente más que ninguna otra, puso mi vida en el rumbo que me ha llevado hasta donde estoy hoy. Si hubiera escuchado a todas esas otras personas, y no hubiera seguido a Dios, es posible que nunca hubieras oído hablar de mí. Llegué hasta aquí sólo porque valoré (glorifiqué) al Señor por encima de la opinión de todos los demás en mi vida.

Haz que Dios parezca más grande

Otra forma de glorificar a Dios es magnificarlo. Esto es muy importante. Puedes magnificar las cosas en tu corazón. Puedes hacer que las cosas parezcan más grandes, incluyendo a Dios. Esa misma palabra traducida como *glorificaron* en Romanos 1:21 también se traduce como *magnificar* en otras partes de las Escrituras.[4]

Ahora bien, Dios es quien es, independientemente de lo que tú o yo pensemos; no podemos cambiar quién es Dios en realidad. Pero en cuanto a tu experiencia con Él, depende totalmente de ti cuán grande es Dios en tu vida. Puedes hacerlo grande a Él, o puedes hacer grande tu problema.

Si el doctor te dice que tienes cáncer y que vas a morir, puedes empezar a magnificar eso. Puedes desbaratarte como una maleta *barata*, o puedes magnificar las promesas de Dios. Puedes decir: «¡El primer reporte no es el último reporte! Creo que voy a ver el poder sanador de Dios manifestarse en mi vida, ¡y esto va a funcionar para Su gloria!». Puedes usar tu mente como un par de binoculares y elegir magnificar algo o reducirlo según tu manera de ver las cosas.

Si vinieras a nuestro campus de Charis aquí en Colorado, verías la montaña *Pikes Peak* por la ventana. Con unos prismáticos, *Pikes Peak* parecería más grande y cercano de lo que es. Podías ver todo tipo de detalles en la montaña. Pero puedes coger exactamente el mismo par de prismáticos, darles la vuelta y encoger *Pikes Peak* para que parezca diminuto y lejano. El mismo par de prismáticos puede ampliar o reducir algo, dependiendo de cómo los utilices. Tu mente es así.

Todo aquello en lo que te concentras se agranda. Si te centras en los problemas, como un diagnóstico negativo de tu médico o la cantidad de facturas que tienes que pagar, se harán más grandes. No estoy diciendo que ignores totalmente los problemas. Debes confrontar las cosas y lidiar con ellas de frente, pero debes lidiar con ellas a la luz de las promesas de Dios. Debes hacer que lo que Dios ya ha hecho, y quién es Él, se vean más grandes a tus ojos que los problemas que estás enfrentando.

Uno de nuestros testimonios en la serie *Healing Journeys* (disponible en inglés) es el relato de una mujer llamada Connie Weiskopf. Le diagnosticaron cáncer y sus amigos le dijeron que aprendiera todo lo que pudiera sobre el cáncer. Pero Connie tuvo la sabiduría suficiente para decir: «No, no necesito aprender todo lo que pueda sobre el cáncer. Necesito aprender todo lo que pueda sobre la sanidad».

Fue entonces cuando encontró mis materiales de estudio y empezó a aprender que Dios quería que ella estuviera sana. Vino a una de mis reuniones, oré con ella y se curó del cáncer.

Todo fue porque ella eligió magnificar la respuesta, Dios y Su poder sanador, ¡en lugar del cáncer!

Sé agradecido y no te angusties

Por nada estéis afanosos, sino sean conocidas vuestras peticiones delante de Dios en toda oración y ruego, con acción de gracias.

Filipenses 4:6

La segunda clave para permanecer llenos de Dios es mantener una actitud de agradecimiento. La palabra griega que se tradujo como *afanosos* [*careful*] significa «estar ansioso».[5] No debemos estar ansiosos por nada. Hace años, yo llevé a cabo una serie de reuniones en Escocia. El virus H5N1 (también conocido como la gripe aviar) había impactado el Reino Unido con toda su fuerza y el tema dominaba las noticias. Las autoridades estaban matando aves por miles.

Vi en televisión una entrevista a un destacado experto médico británico que parecía que nada más intentaba intensificar el pánico. Cuando le preguntaron sobre la posibilidad de que esta enfermedad mutara de las aves a los humanos, dijo que no era una cuestión de *si ocurriría*, sino de *cuándo*. Los expertos británicos también predijeron que infectaría a una parte considerable de la población mundial y mataría a muchos millones de personas.[6] (Esto puede sonar familiar a cualquiera que recuerde las predicciones catastróficas en torno a la pandemia del Coronavirus COVID-19 de 2020). La H5N1 se dio en 2005, pero al tiempo de escribir esto, menos de quinientas muertes de seres humanos se han atribuido a esa cepa de gripe aviar.[7]

La filosofía del mundo es exagerarlo todo y predecir el peor resultado posible. Se ha llegado al punto en que los medios de comunicación no transmiten las noticias de la noche; ¡más bien son las profecías *negativas* nocturnas! Pero estas fuerzas espirituales son perjudiciales para nuestra salud mental, emocional y física, haciendo que nuestro mundo se vuelva adicto al miedo. Si no hay suficientes cosas negativas por las que estar ansioso, los medios de comunicación crearán algo para ti.

Creo que uno de los mejores antídotos contra la preocupación y el miedo es la acción de gracias y la alabanza. Cuando damos gracias a Dios por todas sus bendiciones, centramos nuestra atención en las cosas positivas de nuestra vida. Claro que todos tenemos problemas. Vivimos en un mundo caído, pero Dios es bueno, y la bondad de Dios hacia nosotros es mayor que todos los ataques de Satanás.

Cada uno de nosotros tiene mucho que agradecer y motivos más que suficientes para alabarle. Sólo tenemos que ponerlo todo en perspectiva. Pablo alabó a Dios después de ser golpeado, apedreado, azotado y encarcelado. Luego dijo que éstas no eran más que leves atribulaciones que duran un momento, y nada comparables con las cosas eternas (2 Co 4:17–18).

Pablo comprendió que la alabanza procedente de un corazón agradecido tiene un gran poder. Te edificará espiritualmente, es una fuente de fortaleza, es un arma poderosa contra el diablo, y le ministra al Señor. ¡Ser agradecido te ayudará a estar lleno de Dios!

No olvides Sus beneficios

Bendice, alma mía, a Jehová, y no olvides ninguno de sus beneficios.

Salmo 103:2

La razón por la que se nos ordena recordar todos Sus beneficios es porque nuestra tendencia es a olvidar. Se requiere esfuerzo y una decisión de nuestra voluntad para recordar, pero bien vale la pena el esfuerzo. A menudo pienso en las cosas buenas que el Señor ha hecho en mi vida, lo que me mantiene lleno de Él y me permite acceder fácilmente a todo lo que Dios tiene para mí.

Si vas a ser agradecido, eso implica dos cosas que son realmente importantes. Una de ellas es la memoria. No puedes estar agradecido por algo si no recuerdas lo que Dios ha hecho. La otra es la humildad. Cuando dices: «Gracias», estás reconociendo que alguien hizo algo por ti.

Pablo enumeró la ingratitud como una de las señales del final de los tiempos y la puso en el mismo versículo que la codicia, el orgullo, la blasfemia y la impiedad (2 Tim 3:1–2). Tú probablemente no objetarías el hecho de que vivimos en una sociedad llena de gente desagradecida, incluso a pesar del hecho de que tenemos más prosperidad y oportunidad que en cualquier época anterior de la existencia humana.

Muchas personas ven el agradecimiento como algo opcional, pero el Señor enlistó el desagradecimiento junto con otras características impías. Es una característica dominante de esta época. Ser agradecido puede ser la diferencia entre ser curado y estar totalmente sano (Lc 17:18). En Lucas 6:35, Jesús comparó la falta de gratitud con la maldad:

Amad, pues, a vuestros enemigos, y haced bien, y prestad, no esperando de ello nada; y será vuestro galardón grande, y seréis hijos del Altísimo; porque él es benigno para con los ingratos y malos.

Muchas personas pueden decir: «Yo he logrado todo por mi propio esfuerzo». ¡Pero eso es orgullo! Piensan que son el centro del universo. Pero para estar lleno de Dios, debes llegar al punto en que te humilles y estés constantemente diciendo: «Gracias», ¡especialmente a Él! Debes reconocer las cosas que Dios ha hecho.

Por ejemplo, puede que hayas trabajado cuarenta horas esta semana y hayas recibido un sueldo, pero Dios es quien te dio la salud para trabajar. También te dio los talentos y habilidades que utilizas para ganarte la vida. Tal vez hayas desarrollado esas habilidades y talentos a lo largo de los años, pero Dios fue quien los puso dentro de ti en primer lugar. Así que, aunque hayas trabajado para ganar ese dinero, el Señor es quien te ha permitido hacerlo, y deberías darle las gracias.

Hay muchas personas que no trabajan todo el turno para su jefe, quizá lleguen cinco minutos tarde, o alarguen su descanso de diez minutos hasta veinte, etc. Actúan así porque no son agradecidos. No valoran lo que Dios les ha dado.

Dar las gracias es una práctica saludable. Puedes chequear tu pulso espiritual viendo lo agradecido que eres. Si estás o no alabando al Señor y dándole gracias es una indicación muy confiable que revela el estado de tu vida espiritual. Te indicará si estás o no lleno de Dios.

Acuérdate del Señor

Conmemorar lo que Dios ha hecho ha sido súper importante en mi propia vida. Puedo pensar en muchas ocasiones en las que el Señor me ha salvado la vida. Apuesto a que Dios también ha salvado tu vida muchas veces, pero lo has olvidado. Ahora que te he refrescado la memoria, puede que lo estés recordando. Si enumeraras esas victorias y pensaras en la bondad de Dios, no tardaría mucho en desaparecer cualquier desánimo que estés experimentando.

Una vez, una roca de 907 kilos y casi un metro de altura que estaba en mi propiedad, rodó sobre mi mano, brazo y cabeza. Esto podría haber sido mortal, pero inmediatamente salté, empecé a gritar el nombre de Jesús y a gritar: «¡Estoy sanado! ¡Estoy sanado!». Unos treinta segundos después, me revisé y todo funcionaba como debía. Erigí un marcador en ese lugar que decía: «El 25 de agosto de 1999, Jesús me salvó la vida cuando esta roca rodó sobre mi mano, brazo y cabeza. Salmo 116:6». Esa cita bíblica dice:

Jehová guarda a los sencillos; estaba yo postrado, y me salvó.

Ahora, eso puede ser gracioso para ti, pero durante muchos años después de eso, cada vez que caminaba por ese lugar en nuestra propiedad, me detenía y le daba gracias a

Dios por lo que había hecho. ¡Amén! Cometí un error tonto para que esa roca rodara sobre mi cabeza, pero Dios me preservó de todos modos. ¡Alabado sea el Señor!

Si estás deprimido, no has estado pensando en lo que Dios ha hecho por ti. En cambio, estás pensando en lo que el diablo te está haciendo. No te estás enfocando en el gozo que está delante de ti. No estás diciendo: «A fin de cuentas, si muero, me iré al cielo con el Señor. Si soy pobre, tendré una mansión en el cielo con calles de oro». Sólo estás mirando tu situación presente y no la consideras a la luz de la eternidad.

No puedes estar deprimido a menos que hayas quitado tus ojos de Jesús y de lo que Él ha hecho, olvidando Su bondad en el pasado y olvidando el futuro que te ha prometido. Te has olvidado de todo. Si quieres estar deprimido, hay muchas cosas deprimentes en las que puedes pensar, pero eso sólo disminuye lo que Dios ha hecho; y no te mantendrá lleno de Él. Si miras las cosas correctamente, siendo agradecido y recordando la bondad de Dios, no tienes razón para estar desanimado.

A menudo me tomo tiempo para conmemorar las cosas buenas que Dios ha hecho por mí, y eso me mantiene lleno. He visto a mi hijo y a mi esposa resucitar de entre los muertos. He visto innumerables milagros en este ministerio. He visto al Señor proveer para nosotros en muchas ocasiones. He visto que nuestro instituto bíblico Charis sigue creciendo y tocando más vidas alrededor del mundo. No hay un día que pase que no piense en lo que Dios ha hecho y me detenga a agradecer al Señor por Su bondad.

De hecho, si vienes a Charis en Woodland Park y te sientas en nuestro auditorio de 3200 plazas, verás una cita bíblica encima de la plataforma que expresa la actitud que intento mantener a diario:

De parte de Jehová es esto, y es cosa maravillosa a nuestros ojos.

Salmo 118:23

Ajusta tu enfoque

Entrad por sus puertas con acción de gracias, por sus atrios con alabanza; Alabadle, bendecid su nombre.

Salmo 100:4

Si eliges estar siempre agradecido y glorificar a Dios, la acción de gracias te obligará a mirar más allá de cualquier informe negativo. Hará que pongas tu atención en lo que Dios está haciendo. Los problemas nos llegan a todos, pero, la cuestión es ¿en qué vas a poner tu atención?

Si vas al zoológico y utilizas una cámara para tomar fotos, puedes enfocar a un animal que esté detrás de una valla de tela metálica y hacer que la valla desaparezca de tu vista mientras ajustas el lente. Pero también podrías ajustar el lente para enfocar la valla y no verías a los animales. Todo depende de lo que enfoques.

Una vez, Charles Capps le estaba diciendo a Dios que parecía que las cosas no estaban saliendo bien para él. El Señor lo detuvo y le preguntó: «¿Qué estás haciendo?». Charles respondió: «Estoy orando ». Pero el Señor lo corrigió diciéndole: «No, no lo estás haciendo. Te estás quejando».[8]

En vez de entrar *«por sus puertas con acción de gracias, y por sus atrios con alabanza»*, muchas personas entran y, en cierto sentido, le avientan todos sus problemas a Dios. Llegan ante el Señor y se limitan a hablar de todos sus problemas.

Jesús nos enseñó a dar gracias en lo que comúnmente se llama el Padre Nuestro (Mt 6:9–15). Él empezó diciendo: *«Padre nuestro que estás en los cielos, santificado sea tu nombre»* (v. 9). Cuando una persona ora eso, le está agradeciendo que sea un Padre, no sólo que sea Dios Todopoderoso. Hay intimidad allí. Le estás agradeciendo por esa relación. Estás santificando (honrando) Su nombre.

A lo largo de los años, muchas mujeres han acudido a mí en busca de oración por sus maridos. Desconsoladas, me preguntan: «¿Qué puedo hacer?». Y yo les digo a estas mujeres que una de las primeras cosas que deben hacer es dejar de orar por sus maridos, porque lo que la mayoría de la gente llama oración no es más que quejarse. He oído muchas supuestas oraciones que empiezan así: «Dios, mi marido es un réprobo. Me pega, les pega a los niños, le pega al perro. Se gasta nuestro dinero. Bebe todo el tiempo», y así sucesivamente. Entonces, después de todo eso, ¡le piden a Dios que lo cambie! Te diré, terminar una oración diciendo: «En el nombre de Jesús, amén», ¡no quiere decir que sea una *verdadera* oración!

Lo único que hacen es centrarse en lo negativo y agrandar el problema. No digo que los problemas no existan, pero puedes decir: «Padre, tengo un problema, y tú eres mucho más grande que mis problemas». Puedes apoyarte en una cita bíblica como 1 Corintios 7:14 que dice: «*Porque el marido incrédulo es santificado en la mujer, y la mujer incrédula en el marido*». Puedes tomar las promesas de Dios y comenzar a magnificarlo a Él en lugar del problema.

Si combinaras la acción de gracias con tu comunión con Dios, magnificarías la respuesta en vez de magnificar el problema.

Ve las cosas en el interior

La tercera clave para permanecer lleno de Dios es utilizar el poder de tu imaginación. Es importante para todo lo que Dios quiere hacer en tu vida. Si no puedes ver las cosas en tu interior, nunca las verás en el exterior.

Por ejemplo, la gente puede orar para sanarse, pero nunca se ven sanos a sí mismos; se ven enfermos. Hasta las vacaciones tienen que planificarse en torno a las temporadas de alergias, y los medicamentos son una parte importante de los preparativos. Sin embargo, la identidad de la gente es la enfermedad, pero al mismo tiempo están orando por la salud. No funciona así.

> *Tú guardarás en completa paz a* **aquel cuyo** *pensamiento* **en ti** *persevera; porque en ti ha confiado.*
> Isaías 26:3

La palabra que se tradujo como *pensamiento* [mente] en este versículo, es la palabra hebrea, *yetser*.[9] Esta cita bíblica claramente vincula nuestra paz a mantener nuestra mente fija y confiada en Dios. Esto revela que nuestras emociones siguen a nuestros pensamientos. Este es un punto importante que muchos psicólogos pasan por alto. Dicen que las emociones son el resultado de las circunstancias. Si así fuera, entonces todos los que han experimentado las mismas circunstancias negativas tendrían las mismas emociones negativas. Pero eso no es cierto.

En la traducción King James, esta misma palabra hebrea se traduce también como *imaginación* cinco veces diferentes en las Escrituras, incluso en Génesis 6:5:

> *Y vio Jehová que la maldad de los hombres era mucha en la tierra, y que todo designio de los pensamientos [imaginaciones^{N.T.}] del corazón de ellos era de continuo solamente el mal.*

Tu vida va en la dirección de tus pensamientos dominantes. No puedes ir a ningún sitio en tu cuerpo físico en el que no hayas estado ya en tu mente. Esa es una gran afirmación.

La definición de la *Concordancia Strong* para *yetser*[9] es «concepción». Yo creo que tu imaginación es donde concibes las cosas. Así como una mujer tiene que concebir un niño en su vientre, tú tienes que concebir tu milagro en tu imaginación. La cigüeña no trae bebés al mundo, y una mujer no va al hospital y le dan un bebé. Tiene que concebir un bebé y luego dar a luz.

De manera similar, tú concibes en tu imaginación lo que Dios quiere que hagas. Tu imaginación tiene el poder milagroso de concebir cosas. Es tu vientre espiritual.

N.T. El autor basa su argumento en la traducción *King James*, «*Every imagination of the thoughts of his heart*» (Gn 6:5).

Siendo renacidos, no de simiente corruptible, sino de incorruptible, por la palabra de Dios que vive y permanece para siempre.

1 Pedro 1:23

La palabra griega para simiente es spora,[10] que es un derivado de la palabra griega *sperma*.[11] Esto está diciendo que la Palabra de Dios es como una semilla, un esperma, y tiene que ser plantada en tu corazón (imaginación) para concebir.

Para que puedas concebir un milagro, tienes que usar tu imaginación. Si es tonto para una mujer nada más orar por un niño, pero nunca tener una relación física con un hombre, es igual de tonto que tú ores por sanidad, pero nunca te veas sanado en tu imaginación.

No pienses en pequeño

Y volvían, y tentaban a Dios, y ponían límite al Santo de Israel.

Salmo 78:41, *Reina-Valera Antigua*

La forma en que usas tu imaginación determina si eres una persona exitosa o un fracasado. Tienes que enfocarte en las cosas correctas y ver lo mejor de Dios para ti si quieres que esas cosas se manifiesten en tu vida. Si te enfocas en cosas negativas, Satanás te hablará a través de ellas, magnificarás esas cosas y concebirás el fracaso en tu corazón.

He conocido a personas con talento que tenían la capacidad de triunfar, pero por la razón que fuera, en su interior tenían la imagen de ser un fracaso. Quizá tú te hayas sentido así alguna vez. Ya sea que alguien abusó de ti o que te dijo que nunca lograrías nada, la forma en que permitas que esos pensamientos influyan en tu imaginación creará una profecía que se cumple por sí misma. Proverbios 23:7 dice: «*Porque cual es su pensamiento [del hombre] en su corazón, tal es él*».

Un buen amigo mío me contó una vez que su padre utilizaba coches desguazados para tomar piezas de recambio. Tenían coches chatarra aparcados en su granja, y su padre sacaba piezas de uno para reparar otra cosa. Cada vez que mi amigo le ayudaba a reparar los coches, su padre le decía: «Qué tonto eres! No puedes enroscar una tuerca en un perno sin trasroscarla».

Tras años de escuchar ese mensaje, éste se convirtió en una profecía que se cumplía en la vida de mi amigo. Recuerdo cuando yo trabajaba con él en un coche. Por muy listo y capaz que fuera mi amigo, temblaba cada vez que tenía que poner una tuerca en un perno, aterrorizado de que se le pudiera trasroscar. Una vez, mi amigo había colocado bien la tuerca, pero tenía mucho miedo de que se hubiera trasroscado. Así que quitó la tuerca y la volvió a poner. Siguió haciéndolo hasta que al final se le trasroscó el perno. Hasta el día de hoy, nunca he visto a mi amigo poner una tuerca en un perno que no se trasroscara. Así es como se veía a sí mismo.

La manera que te ves a ti mismo es como vas a ser. Poco después de que Dios realmente tocara mi vida en 1968, supe que iba a tener un ministerio que influenciaría a millones de personas en todo el mundo. Entonces, uno de los días más importantes en la historia de este ministerio fue el 31 de enero de 2002, cuando el Señor me dijo que yo lo había limitado por mi manera de pensar en pequeño. Aunque conocía la visión que Dios tenía para este ministerio, nunca me permití verla en mi interior. Había muchas razones para ello, pero el Señor finalmente me ayudó a entender mediante el Salmo 78:41. Así que empecé a dejar que mi imaginación trabajara y cambiara la imagen en mi interior.

Mantén un corazón bueno

¡Generación de víboras! ¿Cómo podéis hablar lo bueno, siendo malos? Porque de la abundancia del corazón habla la boca.

Mateo 12:34

La cuarta clave para permanecer lleno de Dios es mantener un buen corazón. Tu corazón es un tema importante en la Biblia. Controla lo que dices y haces. Es la esencia de quién eres. Pero la mayoría de la gente no entiende esto. Están más familiarizados con lo que se llama la «modificación del comportamiento». Tratan de cambiar sus acciones sin cambiar su corazón.

No importa lo que hagas, la actitud de tu corazón es más importante que tus acciones. El Señor está más preocupado por tu corazón, porque si tu corazón es bueno, tus acciones serán buenas. La gente religiosa no le gusta escuchar esto. Están más preocupados con la forma y la acción exterior (lo externo) en vez de verdaderamente tratar con el corazón (lo interno).

Hace años, pastoreábamos una iglesia en Childress, Texas, y un día llevamos a un pequeño grupo al parque para hacer un picnic. Nos encontramos con una familia, el marido, la esposa y su hija de dos años, que acababan de abandonar la colonia nudista en la que vivían. No tenían ni un céntimo, así que se acercaron y nos pidieron comida.

Les dimos algo de comer y empezamos a compartir el Evangelio con ellos. Les hablamos de Jesús, nacieron de nuevo y empezaron a venir a la iglesia. Como habían estado en una colonia nudista, la mujer sólo tenía *shorts* muy cortos y camisetas escotadas, así que con eso venía a la iglesia. Durante la alabanza y la adoración, se ponía a bailar y a alabar a Dios,

¡y dejaba poco a la imaginación! Eso acabó causando algunos problemas con otras personas de la iglesia.

Varios de ellos se me acercaron y me preguntaron: «¿No vas a decirle que tiene que ponerse algo de ropa?». Les respondí: «Acaba de nacer de nuevo. Déjala disfrutar del hecho de que Dios la ama. Él se lo demostrará con el tiempo. Pero mientras tanto, no voy a condenarla». Dejamos que esta mujer siguiera viniendo a la iglesia y que el amor de Dios obrara en su corazón.

Un día, vino a uno de los estudios bíblicos de Jamie, se levantó y les dijo a las señoras: «Nunca he tenido un vestido en toda mi vida. Me gustaría tener uno. ¿Quieren orar conmigo?». No sólo oraron con ella, sino que una hora después de ese estudio bíblico, ¡tenía una docena de vestidos que le llegaban hasta el cuello y hasta el suelo!

Aquella noche llegó a la iglesia mostrando su vestido y alabando a Dios, diciendo: «¡Miren lo que ha hecho el Señor!». Nadie la condenó. Simplemente funcionó. Dios estaba más satisfecho con esa mujer que asistía a la iglesia con sus *shorts* cortos y su camiseta escotada que con muchos cristianos que nunca se han vestido así. ¿Por qué? Porque su corazón estaba bien. Ella estaba enamorada de Jesús y lo adoraba.

Las acciones siguen al corazón

Esto, pues, digo y requiero en el Señor: que ya no andéis como los otros gentiles, que andan en la vanidad de su mente, teniendo el entendimiento entenebrecido, ajenos de la vida de Dios por la ignorancia que en ellos hay, por la dureza de su corazón.

Efesios 4:17–18

Dios quiere cambiar tu corazón, y cuando me refiero a tu corazón, estoy hablando de la combinación de tu espíritu y tu alma; no de tu corazón físico. Para entender este concepto del corazón totalmente, tú debes entender que eres un espíritu, tienes un alma (a menudo referida como tu mente, voluntad y emociones), y vives en un cuerpo. Por lo tanto, una vez que tu corazón haya cambiado, tus acciones cambiarán. Las acciones no son la fuerza motriz; son lo que sigue. Las acciones correctas son el resultado de una relación íntima con Dios. No te estoy diciendo que actúes impíamente. Sólo estoy diciendo que tiene que venir de tu corazón, o no complacerá a Dios. Puede agradar a la gente religiosa, pero Dios mira tu corazón (1 S 16:7).

No importa que hagas lo correcto. Podrías dar todo lo que tienes para alimentar a los pobres, e incluso morir como un mártir, pero si no estás motivado por el amor de Dios, no te servirá de nada (1 Co 13:3). Si vas a hacer algo, tiene que proceder de un corazón puro de amor.

La humanidad fue creada originalmente para estar en comunión con Dios . Él nos hablaba en nuestros espíritus porque nuestros corazones estaban en constante comunión con Él. Nuestros corazones dictaban lo que pensábamos, sentíamos y hacíamos. Cuando el hombre pecó contra Dios, esa comunión se rompió, y sus espíritus murieron. Se separaron de Dios.

Cuando una persona nace de nuevo, se convierte en una criatura totalmente nueva. El viejo hombre pasa, y el espíritu se hace completamente nuevo (2 Co 5:17). Tú puedes llegar a dejar que tu corazón te guíe en lugar de tu mente carnal y las circunstancias externas (2 Co 5:7). Pero muy pocos cristianos están haciendo eso. No están renovando sus mentes a la Palabra de Dios (Ro 12:2).

Una vez, cuando estaba ministrando en Phoenix, noté a una mujer que brincaba arriba y abajo en la primera fila. Estaba emocionada porque acababa de nacer de nuevo dos meses atrás. Le pedí que se acercara y compartiera su testimonio. Pero cuando lo hizo, parecía que cada tercera palabra que usaba era una grosería. La gente jadeaba y algunos se estaban riendo.

Ella me miró y me preguntó: «¿Hice algo malo?». Le contesté: «No, no has hecho nada malo. Continúa». Entonces, ella dijo maldiciones por diez minutos somo si fuera un marinero, pero estaba emocionada por el Señor y experimentando Su amor por ella.

Después *del servicio*, la gente vino a criticar su forma de hablar. La juzgaban por fuera y no miraban su corazón. Yo les dije: «Esta mujer ama a Dios con todo su corazón. Sólo que su cerebro aún no se ha puesto al día».

Cuando volví un año después, ella se me acercó y se disculpó diciendo: «¡Lo siento! No sabía que los cristianos no hablan así». Ella había salido de la prostitución y pensaba que todo el mundo decía palabrotas. Pero con el tiempo, se adentró en la Palabra; y como su corazón era recto, éste empezó a dar fruto. Su comportamiento cambió como resultado de su relación con Dios.

Permanece sensible a Dios

Cuando el apóstol Pablo habló, en Efesios 1:17, de alguien que era como un gentil, se refería a alguien que vivía fuera del pacto de Dios. Hoy, sería como alguien que no ha aceptado a Jesús como Señor y Salvador. Pablo está diciendo: «No seas como una persona perdida que sólo vive basándose en su cerebro y no en su corazón».

Los asuntos de la vida provienen de tu corazón (Pr 4:23). Tienes que aprender a escuchar a tu corazón. Pero cuando tu corazón se endurece: es frío, insensible, e indiferente a Dios, puede seguir funcionando, pero se vuelve sensible a las cosas físicas, carnales.

Es triste decirlo, pero aquí es donde vive la gran mayoría de los cristianos. Nuestros corazones están condicionados a ser sensibles y dominados por nuestros sentidos físicos. Si realmente examinas el fruto de tu vida y descubres que no estás viviendo mejor que tus vecinos que no son salvos, tu corazón puede estar endurecido.

Tu corazón se vuelve sensible a cualquier cosa en la que enfoques tu atención, y tu corazón se endurece a cualquier cosa que descuides. Si tú glorificaras, magnificaras y valoraras a Dios, entonces pondrías una mayor prioridad en el Señor y Su Palabra. Él ocuparía más de tu enfoque y atención que otras cosas. Si empiezas a ser agradecido, te llenarás de humildad y pondrás tu atención lejos de las cosas negativas y la pondrás en las cosas positivas.

Si glorificas y das gracias a Dios, tu imaginación empezará a ver cosas santas en lugar de lo negativo. El resultado final es que tu corazón se volverá sensible a Dios. ¡Esto no es realmente difícil de hacer; es fácil! Pero si tú estás descuidando las cosas de Dios y escuchando la duda, la incredulidad, el miedo, la ira, la crítica y la negatividad del mundo, no hay manera de que tu corazón sea sensible a Él. Puede ser que todavía retengas el conocimiento, pero ya no te domina. Eres insensible debido a la condición de tu corazón.

No te agotes

Permanecer lleno de Dios es importante para todo creyente, no es algo reservado sólo para los «súper santos», pero es especialmente importante para los ministros. Se dice que cuatro de cada cinco ministros renuncian al ministerio en los primeros cinco años.[12] Del 20 por ciento que permanece en el ministerio, una encuesta de 2021 informó que el 38 por ciento de los pastores estaban considerando renunciar.[13] ¡Estos ministros están al borde del agotamiento! Y estas son las personas que se supone deben capacitar al cuerpo de Cristo para la obra del ministerio (Ef 4:11–13).

Si estás sirviendo a Dios, tienes una gran diana dibujada sobre ti. Cuando estaba en el ejército en Vietnam, serví en una base de apoyo de artillería. Un día vi a un coronel caminando hacia mí, así que me detuve y le hice un saludo militar. Ese coronel me derribó, se paró sobre mí y me dijo: «¡Si alguna vez vuelves a ver esta cabeza calva que viene hacia ti, será mejor que te des la vuelta y te vayas por otro lado!».

Lo que sucede es que antes de que me enviaran al extranjero, tuve problemas por no saludar correctamente a mis superiores. No sé cuál era mi problema con el saludo *militar*, pero me costaba mucho hacerlo *bien*. La situación llegó a ser tan grave que me amenazaron con sancionarme, así que empecé a darle un saludo militar a todo lo que se movía. Mientras estaba tendido en el suelo con aquel coronel parado sobre mí, pensé: «¿Qué hago? ¿Saludo o no saludo?».

Él me explicó que los francotiradores enemigos vigilaban esa base de apoyo de fuego, y si veían que le daban a alguien un saludo militar, se darían cuenta de que esa persona era un oficial militar. Los oficiales corrían un riesgo mayor de que les dieran un tiro porque eran líderes. Un líder era un blanco más valioso.

Si Dios te ha destinado a estar en cualquier posición de influencia y liderazgo, te garantizo que vas a ser atacado. Habrá gente que te critique, y eso puede llevarte al agotamiento. Satanás va a tratar de vaciarte de la plenitud de Dios y apartar tu atención de Él.

Una persona que está agotada es realmente alguien que está haciendo las cosas en su propia fuerza y capacidad. Han dejado de glorificar a Dios y han puesto su atención en los ataques. Se han olvidado de todas las cosas buenas que Dios ya ha hecho por ellos. Empiezan a imaginarse el fracaso. Finalmente, pierden el ánimo. Cuando eso sucede, están luchando desde una posición de derrota en lugar de victoria. Ya no están viviendo en la plenitud de Dios.

El vacío interior

Recuerdo un experimento científico que hizo mi profesor del sexto grado de primaria. Puso una pequeña lata metálica para gasolina de unos cuatro litros en un mechero Bunsen y la calentó. En cuanto se calentaba, le volvía a poner la tapa bien apretada. Dejó la lata sobre su mesa y siguió dando clase. Al enfriarse la lata, el aire formó un vacío parcial en el interior de la lata. Como yo estaba sentado en primera fila, me recuerdo vívidamente observando aquella lata.

Empezó a crepitar y a estallar sin que nadie la tocara. Luego, de repente, se aplastó. Me dio la impresión de que alguien le había dado con un mazo. La lata cayó al suelo y siguió aplastándose. Observé toda la escena. Nadie la tocó. Era la presión atmosférica natural actuando sobre una lata vacía.

Es el vacío interior, no la presión exterior, lo que está causando que la gente sea aplastada hoy. En circunstancias normales, la presión interior no habría aplastado la lata. Sin embargo, la ausencia de presión en el interior hizo que la presión atmosférica normal la aplastara.

Algunas personas simplemente no pueden manejar la presión en sus vidas porque no están pensando en lo que Dios ya puso dentro de ellos. Pasan su tiempo hablando de lo mal que están las cosas, dando gran valor a la presión para pecar, o simplemente renunciar a Dios. Esto hace que se sientan justificados en sus fracasos y por su estado de ánimo.

Una vez una persona de nuestro instituto bíblico vino a mí con una queja, ¡y me parecía que esta persona siempre tenía algo de qué quejarse! Esta vez, estaba llorando porque había estado en un servicio religioso tratando de escuchar el mensaje, pero dos señoras se sentaron frente a él y hablaron todo el tiempo. Entonces, esta persona estaba molesta porque Satanás le había robado la Palabra. Mi única pregunta fue: «¿Por qué no te levantaste y te cambiaste a otro lugar?».

Una actitud negativa impidió que esta persona permaneciera llena de Dios. No magnificó a Dios, en cambio, puso su atención en algo relativamente trivial y permitió que arruinara su experiencia.

En contraste, yo acababa de hablar por teléfono con un amigo cuya esposa había fallecido. Lo llamé para saber cómo estaba, pero en lugar de llorar por lo mal que estaban las cosas, él se regocijaba en el Señor. Le daba gracias a Dios por todos los años que habían pasado juntos y se alegraba de que ella estuviera con Jesús. Esa es una actitud santa. Al recordar las cosas buenas de Dios y dar gracias por toda una vida de matrimonio, este hombre estaba lleno. No estaba dejando que las circunstancias lo influenciaran negativamente.

Considera lo que Jesús sufrió por ti (He 12:2–4). Hasta que no hayas sufrido hasta el punto de que te cueste la vida, no tienes derecho a quejarte. Si estás vivo, ¡deberías estar alabando a Dios!

Ponle un alto a los altibajos

Todo valle sea alzado, y bájese todo monte y collado; y lo torcido se enderece, y lo áspero se allane.

Isaías 40:4

La Biblia dice que llegará un día en que se alzarán los valles y se bajarán los montes y las colinas. Si alzas los valles y bajas los montes, eso debería allanar el camino. No digo que vivamos sin problemas. Yo tengo todo tipo de problemas y me han sucedido cosas terribles, pero esas cosas nunca han disminuido el amor de Dios y la revelación de lo que Él ha hecho en mi vida. Sólo ha crecido y se ha hecho más fuerte.

La gran mayoría del cuerpo de Cristo acepta su experiencia de altibajos y piensa que Dios es la causa, que así es como Él hace las cosas. Incluso salen con estos refranes que dicen que Dios te bajará de la cima de la montaña y te llevará al valle porque ahí es donde está el agua, y el fruto crece en el valle. Entonces, tienes que pasar por estos altibajos por tu propio bien. Pero Jesús dijo que, si vienes a Él, nunca más tendrás hambre ni sed (Jn 6:35–38).

Alguien puede estar pensando: «Pues bien, como cristianos, ¿debemos vivir basándonos en lo que Jesús dijo o en lo que experimenta la gente?». En realidad, son ambas cosas. En tu espíritu nacido de nuevo, has recibido la plenitud de Dios, incluyendo el amor, el gozo, la paz, la paciencia, la benignidad, la bondad, la fe, la mansedumbre y la templanza (Ga 5:22–23). Tú has sido hecho una nueva criatura en tu espíritu (2 Co 5:17). Pero no eres solo un espíritu.

También eres un alma en un cuerpo. Y el triste hecho es que muchas personas se enfocan en las cosas físicas, naturales de sus vidas en vez de quienes son en Cristo. Están viviendo en la carne en vez de en el espíritu. Y por eso, la gente no está experimentando el flujo constante de amor, gozo y paz. ¡Pero eso no es culpa de Dios! El Señor puso toda Su bondad dentro de nosotros, pero nosotros tenemos que echar mano de ella (Fil 2:12–13).

Es necesario que sepas quién eres en tu espíritu nacido de nuevo. Tú eres la justicia de Dios en Cristo (2 Co 5:21). Antes de que veas la bondad de Dios manifestarse en tu vida, tienes que renovar tu mente sembrando la Palabra de Dios en tu corazón. No nos beneficiaremos de las verdades que se encuentran en la Palabra de Dios hasta que nos convenzamos de ellas.

Queda satisfecho

Respondió Jesús y le dijo: Cualquiera que bebiere de esta agua, volverá a tener sed; mas el que bebiere del agua que yo le daré, no tendrá sed jamás; sino que el agua que yo le daré será en él una fuente de agua que salte para vida eterna.

Juan 4:13–14

Jesús estaba hablando a la mujer que llegó al pozo, pero no estaba hablando sólo de agua física. Él dijo que una vez que lo recibas a Él, ya no tendrás sed espiritual. Estarás satisfecho en tu espíritu.

Jesús estaba usando el ejemplo del agua para beber para describir cómo el Señor satisface nuestra sed espiritual con el agua viva del Espíritu Santo. En otras palabras, si recibes la salvación, nunca volverás a tener sed (espiritual).

En Juan 6, vemos que un grupo de personas buscaba a Jesús, pero por razones equivocadas. Jesús ya había realizado un gran milagro ante ellos al alimentar a los cinco mil (vv. 1–14), pero los corazones de las personas estaban tan centrados en sí mismos que se perdieron el verdadero milagro. Al principio, trataron de tomar a Jesús por la fuerza y hacerlo rey, pero Él escapó, y entonces lo siguieron a Capernaum (vv. 15–25). Cuando la gente lo confrontó,

> *Respondió Jesús y les dijo: De cierto, de cierto os digo que me buscáis, no porque habéis visto las señales, sino porque comisteis el pan y os saciasteis.*
>
> Juan 6:26

Sólo se percataban del bienestar que sentían por saciar su hambre física. Jesús reveló que los motivos detrás de las acciones de las personas son más importantes que las acciones mismas. La prioridad debe estar en las cosas espirituales y no en las físicas. Aunque para ellos ver la materialización del pan fue un gran milagro, habría sido insignificante comparado con el milagro de Dios manifestado en la carne (1 Tim 3:16). Obviamente estaban ciegos ante el hecho de que estaban hablando con el mismísimo Hijo del Hombre, el mayor milagro que Dios había realizado jamás.

Jesús les dijo: Yo soy el pan de vida; el que a mí viene, nunca tendrá hambre; y el que en mí cree, no tendrá sed jamás.

Juan 6:35

A pesar de lo que Jesús enseñó, muchos cristianos dicen: «¡Tengo tanta hambre y tanta sed del Señor!». Incluso escriben canciones sobre ello y cantan sobre lo desesperados que están por Dios. Esto demuestra que algunas personas no permiten que la Biblia se interponga en sus creencias.

Entiendo lo que quieren decir: que debemos buscar al Señor. Pero es incorrecto que un cristiano afirme que tiene hambre y sed cuando el Señor ha dicho: «*el que a mí viene, nunca tendrá hambre; y ... no tendrá sed jamás*». Si has recibido a Jesús como Señor, ¡ya tienes la plenitud de Dios en ti! (Col 2:6–10).

Esto es comparable a sentarse a la mesa con un festín delante. Puede que tengas hambre, pero no es porque no tengas acceso a la comida. Si tienes hambre, come. Deja de decir que tienes hambre y come lo que tienes delante. Del mismo modo, el Señor ha preparado todo lo que pudieras necesitar y lo ha puesto dentro de ti. Deja de cantar acerca de lo hambriento que estás y comienza a participar de lo que ya ha sido provisto, glorificando al Señor, siendo agradecido por lo que Él ha hecho, usando tu imaginación para ver la victoria en lugar de la derrota, y pon tu corazón en las cosas buenas del Señor.

Conclusión

El proceso expuesto en Romanos 1:21 puede alejarte de Dios, o puede acercarte a Él. Ahora, no estoy condenando a nadie, pero creo que estamos viviendo muy por debajo de donde Dios realmente quiere que estemos. La Biblia dice que es la bondad de Dios la que lleva a la gente al arrepentimiento (Ro 2:4). Yo creo que, si llevas a la práctica las claves detalladas en este libro de bolsillo, le darás un giro a tu vida y comenzarás a experimentar esa bondad en un nivel más alto, ¡y no se agotará!

Toma la decisión consciente de glorificar a Dios. Dale más valor al Señor, a lo que ha dicho y a lo que ha hecho en tu vida que a cualquier otra cosa o persona. No busques la aclamación de la gente. Tienes que llegar al lugar donde tu amor y compromiso con Dios se sostenga por sí solo. Aunque todo lo demás en tu vida se viniera abajo, decide que, a pesar de eso, lo estimarás, honrarás y le darás más importancia a Él, ¡y a Su Palabra!

Cuando estaba en el ejército en Vietnam, empecé a sembrar la Palabra de Dios en mi corazón y a echar raíces profundas. Debido a eso, he continuado glorificando a Dios y valorando quién es Él y lo que ha hecho. He dejado que la Palabra actúe como una semilla y conciba milagros en mi imaginación. Y, a través de todo ello, he mantenido mi corazón recto y he sacado provecho de la estrecha relación que tengo con el Señor.

Estas cosas han evolucionado y han sostenido mi vida y mi ministerio. Pero Dios no hace acepción de personas (Ro 2:11). Creo que tú puedes poner en práctica estas mismas verdades en tu propia vida y ver los mismos resultados. ¡Alabado sea el Señor!

Magnifica al Señor y engrandécelo. Alábale, dale gracias y recuenta tus victorias. Haz un esfuerzo consciente para minimizar lo negativo, pon la alegría delante de ti y fija tus ojos en las cosas buenas que Dios ha hecho. Si haces esto, tu imaginación empezará a ver cosas positivas, y tu corazón se sensibilizará a Dios.

Si adoptas estas cuatro claves para permanecer lleno de Dios y comienzas a implementarlas en tu vida diaria, experimentarás una transformación radical. Esto podría cambiar tu vida para siempre, pero todo depende de lo que hagas con ello. ¿Qué valor le darás a lo que has aprendido? Sólo tú puedes decidirlo.

PARA MÁS ESTUDIO

Si te gustó este libro de bolsillo y te gustaría aprender más sobre algunos de los temas que he compartido, te sugiero estos estudios:

- *Descubre las claves para permanecer lleno de Dios* (enseñanza completa)
- *No limites a Dios*
- *El nuevo tú y el Espíritu Santo*
- *El cambio sin esfuerzo*
- *La dureza de corazón*
- *El egocentrismo: El origen de toda la tristeza*

Puedes comprar estos estudios en sus diferentes formatos en **awmi.net/store.**

Mis enseñanzas más populares están disponibles *gratis* para ver, escuchar o leer en **awmi.net/español**.

Recibe a JESÚS como tu Salvador

¡Optar por recibir a Jesucristo como tu Señor y Salvador es la decisión más importante que jamás hayas tomado!

La Palabra de Dios promete: *«Si confesares con tu boca que Jesús es el Señor, y creyeres en tu corazón que Dios le levantó de entre los muertos, serás salvo. Porque con el corazón se cree para justicia, pero con la boca se confiesa para salvación»* (Ro 10:9–10). *«Porque todo aquel que invocare el nombre del Señor, será salvo»* (Ro 10:13). Por su gracia, Dios ya hizo todo para proveer tu salvación. Tu parte simplemente es creer y recibir.

Ora en voz alta: «Jesús, confieso que Tú eres mi Señor y mi Salvador. Creo en mi corazón que Dios te levantó de entre los muertos. Por fe en Tu Palabra, recibo ahora la salvación. Gracias por salvarme».

En el preciso momento en que le entregaste tu vida a Jesucristo, la verdad de Su Palabra instantáneamente se lleva a cabo en tu espíritu. Ahora que naciste de nuevo, ¡hay un tú completamente nuevo!

Por favor comunícate con nosotros para que nos digas si recibiste a Jesucristo como tu Salvador y para que solicites unos materiales de estudio gratis que te ayudarán a entender más plenamente lo que ha sucedido en tu vida. Llama a nuestra línea de ayuda al **(+1) 719-635-1111** (para español: de lunes a viernes, 7:00 a.m. – 3:00 p.m. hora de la montaña. Para inglés: **de lunes a domingo las veinticuatro horas del día**), para que hables con uno de nuestros operadores que están listos para ayudarte a crecer en tu relación con el Señor.

¡Bienvenido a tu nueva vida!

Recibe el Espíritu Santo

Como Su hijo que eres, tu amoroso Padre Celestial quiere darte el poder sobrenatural que necesitas para vivir esta nueva vida. «*Todo aquel que pide, recibe; y el que busca, halla; y al que llama, se le abrirá… ¿Cuánto más vuestro Padre celestial dará el Espíritu Santo a los que se lo pidan?*» (Lc 11:10, 13b).

¡Todo lo que tienes que hacer es pedir, creer y recibir! Haz esta oración: «Padre, reconozco mi necesidad de Tu poder para vivir esta vida nueva. Por favor lléname con Tu Espíritu Santo. Por fe, lo recibo ahora mismo. Gracias por bautizarme. Espíritu Santo, eres bienvenido a mi vida».

Algunas sílabas de un lenguaje que no reconoces surgirán desde tu corazón a tu boca (1 Co 14:14). Mientras las declaras en voz alta por fe, estás liberando el poder de Dios que está en ti, y te estás edificando en el espíritu (1 Co 14:4). Puedes hacer esto cuando quieras y donde quieras.

Realmente no interesa si sentiste algo o no cuando oraste para recibir al Señor y a Su Espíritu. Si creíste en tu corazón que lo recibiste, entonces la Palabra de Dios te asegura que así fue. «*Por tanto, os digo que todo lo que pidiereis orando, creed que lo recibiréis, y os vendrá*» (Mr 11:24). Dios siempre honra

Su Palabra; ¡créelo!

Nos gustaría felicitarte y ayudarte a entender más plenamente lo que acaba de suceder en tu vida.

Por favor, comunícate con nosotros y dinos si hiciste la oración para ser lleno del Espíritu Santo, y para que pidas una copia del libro, *El nuevo tú y el Espíritu Santo*. Este libro explica con más detalle los beneficios de ser lleno del Espíritu Santo y de hablar en lenguas. Llama a nuestra línea de ayuda al (+1) 719-635-1111 (para español: de lunes a viernes, 7:00 a.m. – 3:00 p.m. hora de la montaña. Para inglés: de lunes a domingo las veinticuatro horas del día).

Notas

1. *The American Heritage Dictionary of the English Language*, s.v. "reprobate", consultado el 23 de agosto de 2023, https://ahdictionary.com/word/search.html?q=reprobate.

2. *Strong's Definitions*, s.v. "δοξάζω" ("doxazō"), consultado el 23 de agosto de 2023, https://www.blueletterbible.org/lexicon/g1392/kjv/tr/0-1/.

3. *Diccionario Merriam-Webster*, s.v. "estima", consultado el 23 de agosto de 2023, https://www.merriam-webster.com/dictionary/esteem.

4. *Blue Letter Bible*, s.v. "δοξάζω" ("doxazō"), consultado el 28 de agosto de 2023, https://www.blueletterbible.org/lexicon/g1392/kjv/tr/0-1/.

5. *Strong's Definitions*, s.v. "μεριμνάω" ("merimnaō"), consultado el 5 de septiembre de 2023, https://www.blueletterbible.org/lexicon/g3309/kjv/tr/0-1/.

6. James Sturcke, "Bird flu pandemic 'could kill 150m,'" *The Guardian*, 30 de septiembre de 2005, https://www.theguardian.com/world/2005/sep/30/birdflu.jamessturcke.

7. "Cumulative number of confirmed human cases for avian influenza A(H5N1) reported to WHO, 2003-2023," Organización Mundial de la Salud, consultado el 5 de septiembre de 2023, https://cdn.who.int/media/docs/default-source/influenza/human-animal-interface-risk-assessments/cumulative-number-of-confirmed-human-cases-for-avian-

influenza-a(h5n1)-reported-to-who--2003-2023d4e36995-440c-423a-98f6-0d2a763c8438.pdf?sfvrsn=c58756a1.

8. Charles Capps, "Decretos: Their Force & Power", Harrison House, consultado el 30 de agosto de 2023, https://harrisonhouse.com/blog/charles-capps-decrees-their-force-and-power.

9. *Strong's Definitions*, s.v. "יֵצֶר" ("yēᵭer"), consultado el 30 de agosto de 2023, https://www.blueletterbible.org/lexicon/h3336/kjv/wlc/0-1/.

10. *Blue Letter Bible*, s.v. "σπορά" ("spora"), consultado el 30 de agosto de 2023, https://www.blueletterbible.org/lexicon/g4701/kjv/tr/0-1/.

11. *Blue Letter Bible*, s.v. "σπέρμα" ("sperma"), consultado el 30 de agosto de 2023, https://www.blueletterbible.org/lexicon/g4690/kjv/tr/0-1/.

12. Trisha R. Peach, "Burnout, Timeout, and Fallout: A Qualitative Study of Why Pastors Leave Ministry" (Tesis doctoral, Bethel University, 2022), 7, 49-50, y 134, https://spark.bethel.edu/cgi/viewcontent.cgi?article=1804&context=etd.

13. Kate Shellnutt, "The Pastors Aren't All Right: 38% Consider Leaving Ministry," Christianity Today. 16 de noviembre de 2021, https://www.christianitytoday.com/news/2021/november/pastor-burnout-pandemic-barna-consider-leaving-ministry.html.

Llama para pedir oración

Si necesitas oración por cualquier motivo y quieres hablar con uno de nuestros operadores en español, puedes llamar a nuestra línea de ayuda al **(+1) 719-635-1111**, (para español: de lunes a viernes, 7:00 a.m. – 3:00 p.m. hora de la montaña. Para inglés: de lunes a domingo las veinticuatro horas del día). Un ministro capacitado recibirá tu llamada y orará contigo. Si nos llamas fuera de los EE. UU., comunícate con nosotros por WhatsApp siguiendo este enlace: wa.link/AWMMexico.

Cada día, recibimos testimonios de sanidades y otros milagros por medio de nuestra línea de ayuda, y estamos compartiendo las noticias que son casi demasiado buenas para ser verdaderas del Evangelio con más personas que nunca. Por lo tanto, ¡te invito a que llames hoy!

El autor

La vida de Andrew Wommack cambió para siempre en el momento que él se encontró con el amor sobrenatural de Dios el 23 de marzo de 1968. Como autor y maestro de renombre de la Biblia, Andrew ha asumido la misión de cambiar la manera como el mundo percibe a Dios.

La visión de Andrew es llevar el Evangelio tan lejos y tan profundo como sea posible. Su mensaje llega lejos por medio de su programa de televisión *Gospel Truth* (*La Verdad del Evangelio*), que está disponible para casi la mitad de la población mundial. El mensaje penetra profundamente por medio del discipulado en el instituto Bíblico, Charis Bible College, con su sede en Woodland Park, Colorado. Establecido en 1994, Charis tiene planteles en varios lugares de los Estados Unidos y por todo el mundo.

Andrew también cuenta con una extensa biblioteca de materiales para la enseñanza en formatos impresos, de audio y de video. Más de 200 000 mil horas de enseñanzas gratis en inglés, están disponibles en su sitio web **awmi.net**. Para alcanzar a la gente que habla español, y llevarlos a un conocimiento más profundo de la Palabra, su sitio web **awmi.net/español** ofrece gratis videos y artículos de sus enseñanzas más populares.

Información de contacto

Andrew Wommack Ministries, Inc.
PO Box 3333
Colorado Springs, CO 80934-3333
Correo electrónico: info@awmi.net

Charis Bible College
Para obtener más información sobre los cursos que Charis
ofrece:
info@charisbiblecollege.org
(+1) 844-360-9577
CharisBibleCollege.org

Línea de ayuda: **(+1) 719-635-1111** (Para español: de lunes a
viernes 7:00 a.m. – 3:00 p.m. hora de la montaña. Para inglés:
de lunes a domingo las veinticuatro horas del día).

Página en español: **awmi.net/español**
Página en inglés: **awmi.net**

Para ver la lista de todas nuestras oficinas,
visita: **awmi.net/contact-us**.

Conéctate con nosotros en las redes sociales.

www.ingramcontent.com/pod-product-compliance
Lightning Source LLC
Chambersburg PA
CBHW071638040426
42452CB00009B/1678